ESCANEA

para acceder al
audiolibro animado,
tarjetas de vocabulario,
preguntas de comprensión,
páginas para colorear,
ejercicios prácticos
y mucho más

SCAN

for
Animated Audio eBook,
Vocabulary Cards,
Comprehension Questions,
Coloring Pages,
Practical Exercises
and more

¡CONOCE A NUESTROS PERSONAJES A TRAVÉS DE NUESTRA COLECCIÓN!

las mejores amigas
best friends

PETRA

LILI

hermanos
siblings

primos
cousins

DANI

POLO

best friends
los mejores amigos

MEET OUR CHARACTERS THROUGHOUT OUR SERIES!

La Petite Pétra™

PROGRAMAS BILINGÜES
PARA NIÑOS

BILINGUAL PROGRAMS
FOR KIDS

5 IDIOMAS

Idiomas personalizados disponibles a través de pedidos especiales

5 LANGUAGES

Customized languages available on special orders

LIBROS IMPRESOS	PHYSICAL BOOKS
AUDIOLIBROS ANIMADOS	ANIMATED AUDIO EBOOKS

TARJETAS DE VOCABULARIO	VOCABULARY FLASHCARDS
PÁGINAS PARA COLOREAR	COLORING SHEETS
PREGUNTAS DE COMPRENSIÓN	COMPREHENSION QUESTIONS

EJERCICIOS PRÁCTICOS	PRACTICAL EXERCISES
Y MÁS	AND MORE

COLECCIÓN BASES PARA EL ÉXITO

'Bases para el éxito' es una colección centrada en la autogestión y diseñada para acompañar el desarrollo socioemocional temprano de los niños.

Ofrece un enfoque estructurado que proporciona a los educadores las herramientas necesarias para enseñar a los niños las destrezas fundamentales que les ayudarán a construir una vida exitosa.

Todas las lecciones se basan en historias de la vida real con las que los niños pueden sentirse identificados. Cada libro incluye ejercicios prácticos y materiales adicionales que ayudarán al niño a conectar la lección con su propia vida y circunstancias.

Algunos ejemplos de los temas tratados en esta colección son:

- La importancia del aprendizaje
- Aceptar los retos
- Alcanzar grandes objetivos y sueños
- La importancia de la acción masiva
- La ley del ritmo de la vida
- La perseverancia
- La constancia
- Aprender a defenderse uno mismo
- Desarrollar el 'liderazgo del yo'
- La ley de la circulación
- El poder de los pensamientos
- La alfabetización financiera

FOUNDATIONS FOR SUCCESS SERIES

Foundations for Success is a series focused on self-management and designed to accompany the early socio-emotional development of children.

It is a structured approach that gives educators the tools to teach children the foundational skills that will assist them in building a successful life.

All lessons are taught through real life stories to which children can relate. Each book comes with practical exercises and additional materials that help the child connect the lesson to their own life and circumstances.

Examples of themes covered in this series:

- Dedication to learning
- Embracing challenges
- Having big goals and dreams
- The importance of taking massive action
- The law of rhythm of life
- Perseverance
- Consistency
- Standing up for oneself
- 'Me leadership'
- The law of circulation
- The power of thoughts
- Financial literacy

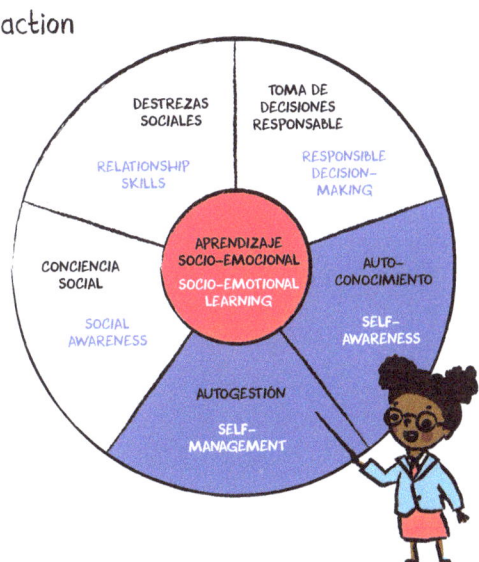

Publisher's Cataloging-In-Publication Data
(Prepared by Xponential Learning, Inc.)
Names: Krystel Armand, author | Oksana Vynokurova, illustrator.
Title: Bases para el éxito = Foundations for Success
Krystel Armand ; illustrated by Oksana Vynokurova.
Other Titles: Bases para el éxito | Foundations for Success
Description: [Miami, Florida] : Xponential Learning Inc, 2022. | Series: La Petite Pétra | Bilingual. Spanish and English. | Interest age level: 005-009. | Summary: 'We are not born with a right to be successful. People gain success by learning and putting into application key skills and principles of success. Friends, Petra and Polo, with some help from their parents, discover they can learn the roadmap to having successful lives!'--Provided by publisher.

First Publication: November 2022
XPONENTIAL LEARNING INC
Copyright © 2022 Krystel Armand

La Petite Pétra™
BASES PARA EL ÉXITO

Foundations for Success

Autora / Author   Krystel Armand

Ilustradora / Illustrator   Oksana Vynokurova

Polo, cuando crezca quiero tener una academia de baile que sea muy popular.

Polo, when I'm older, I want to own a popular dance school.

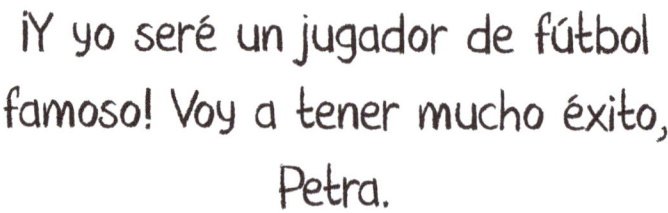

¡Y yo seré un jugador de fútbol famoso! Voy a tener mucho éxito, Petra.

And me, I'll be a famous soccer player! I'm going to be successful, Petra.

8

9

Mamá, Polo ha dicho que tendrá mucho éxito. ¿Qué significa esa palabra?

Mom, Polo said he's going to be successful. What does that word mean?

10

Tener éxito significa alcanzar tus objetivos. Consiste en tener grandes sueños y hacer que se cumplan.

Being successful is when you set goals and reach them. It is having big dreams and realizing those dreams.

11

13

¿Cómo puedo tener éxito, papá? ¿Tengo que tener mucha suerte?
How can I be successful, Dad? Do I have to be really lucky?

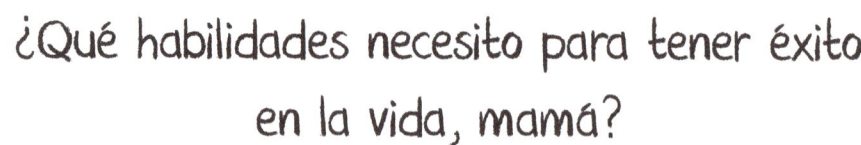

¿Qué habilidades necesito para tener éxito en la vida, mamá?

What skills do I need to become successful, Mom?

16

20

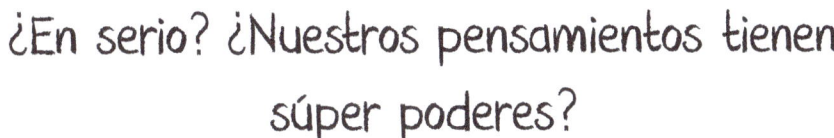

¿En serio? ¿Nuestros pensamientos tienen súper poderes?

Really? Our thoughts have superpowers?

21

Y tienes que entender la magia de mantener una actitud de 'poder hacer'. Y desarrollar destrezas de liderazgo para poder ayudar a los demás.

And you must understand the magic of having a 'can do' attitude. And develop 'Me leadership' skills to help others.

¡Ohhh, yo quiero aprender todo eso!

Ohhhh! I want to learn all that!

Tienes que aprender el importante papel del compromiso, Petra.

You must learn the important role of commitment, Petra.

¿Qué es eso, mamá?

What's that, Mom?

Significa elegir un objetivo importante y decirse a uno mismo que el fracaso no es una opción.

It means choosing an important goal and saying that failure is not an option.

25

¿Cómo es eso posible?

How's that even possible?

Éxito significa que continúas intentándolo. Tendrás momentos altos y bajos en el ritmo de la vida, pero sólo fracasarás si dejas de intentarlo.

26

Success means you keep trying. You'll have ups and downs in the rhythm of life. But you'll only fail if you stop trying.

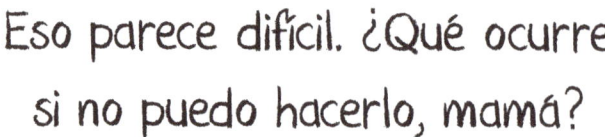

28

¿Qué más necesito aprender para tener éxito, papá?

What else do I need to learn for being successful, Dad?

Aprender la importancia de defender lo que piensas, saber resolver problemas, y tener valor...

Learn the importance of standing up for yourself, being a problem solver, and showing courage...

30

31

¡Hay mucho que aprender! ¿Crees que seré capaz de aprender todas esas cosas?

That's so much to learn! Do you think I'll be able to do all those things?

Parte de tener éxito consiste en emprender grandes acciones para obtener grandes resultados.

Part of being successful means taking massive action to get great results.

34

¡Por supuesto! Te ayudaré a adquirir las habilidades que necesitas para convertirte en lo que quieras ser en la vida.

Absolutely! I'll help you gain the skills to become anything you want in life.

¿Cuánto tiempo me tomará? ¿Una hora? ¿Un día? ¿Una semana?

How long is it going to take? One hour? One day? One week?

37

¿Quieres decir que el éxito es una semilla?

Es como una semilla dentro de ti. Al igual que una flor necesita cuidados para florecer, necesitamos cuidar de la semilla del éxito dentro de ti.

39

41

¡Amigos, únanse a nosotros en el camino hacia el éxito!

Friends, join us on the journey to success!

EJERCICIOS PRÁCTICOS

- Según el libro, ¿tener éxito es algo con lo que nacemos o es algo que todos podemos aprender?

- ¿Estás dispuesto a aprender las habilidades para tener éxito?

- ¿Qué tres habilidades mencionadas en el libro quieres mejorar en tu propia vida?

PRACTICAL EXERCISES

- According to the book, is being successful something we are born with, or is it something everyone can learn?

- Are you willing to learn the skills to become successful?

- What are 3 skills mentioned in the book that you want to improve in your own life?

exito

success

objetivo

goal

alcanzar

to reach

sueño

dream

grande

big

pequeño

small

destrezas

skills

poder

power

pensamientos

thoughts

liderazgo

leadership

fracaso

failure

reto

challenge

financiero

financial

semilla

seed

viaje

journey

CONSEJOS PARA EDUCADORES

Si tener éxito no es un derecho de nacimiento y si existe un mapa de acción para ser exitoso, entonces es nuestro deber y responsabilidad como educadores enseñarles este mapa a nuestros niños.

EDUCATOR'S TIPS

If being successful is not a birthright and if there is a roadmap to being successful, then it is our duty and responsibility as educators to teach this roadmap to our children.

OTRAS SERIES

Nuestros libros bilingües incluyen varios niveles de lectura, idiomas y temas como:

la colección 'Descubre Haití' trata de descubrir diferentes partes de Haití y varios aspectos de la cultura haitiana, incluyendo canciones tradicionales haitianas.

la colección 'Conceptos Básicos' sobre el aprendizaje de conceptos básicos como los colores, números y formas, tanto en la lengua materna del niño como en la lengua de destino.

la colección de cuentos para dormir incluye varias historias cortas para practicar las habilidades bilingües del niño.

la colección de la era COVID-19 trata de documentar la era COVID-19 y comprender cómo afectó a los niños de nuestra comunidad.

COLECCIÓN DE CUENTOS PARA DORMIR
BEDTIME STORIES SERIES

COLECCIÓN DE CONCEPTOS BÁSICOS
BASIC CONCEPTS SERIES

OTHER SERIES

Our bilingual books include various reading levels, languages and topics, such as:

The Haiti Discovery series, which is all about discovering different parts of Haiti and various aspects of the Haitian culture, including traditional Haitian songs.

The Basic Concepts series, which is all about learning basic STEM concepts (like colors, counting, shapes) in both the child's mother tongue and the target language.

Bedtime Story series, which includes various short stories to practice the child's bilingual skills.

The COVID-19 era series, which is all about documenting the COVID-19 era, understanding what it is and how it affects children in our community.

COLECCIÓN DESCUBRE HAITÍ"
HAITI DISCOVERY SERIES

COLECCIÓN DE LA ERA COVID-19
COVID-19 ERA SERIES

www.ingramcontent.com/pod-product-compliance
Lightning Source LLC
Chambersburg PA
CBHW051559120626
46551CB00013B/1582